Petra H. A. Caldonazzi

Es sei wie es sei.

Gedichtband

Bibliografische Information der Deutschen Nationalbibliothek:
Die Deutsche Nationalbibliothek verzeichnet diese Publikation in der Deutschen Nationalbibliografie; detaillierte bibliografische Daten sind im Internet über http://dnb.dnb.de abrufbar.

TWENTYSIX – Der Self-Publishing-Verlag
Eine Kooperation zwischen der Verlagsgruppe Random House und BoD – Books on Demand

© 2020 Caldonazzi, Petra Hedwig Amalia

Herstellung und Verlag:
BoD – Books on Demand, Norderstedt

ISBN: 978-3-740-76790-7

Illustration Einband: Petra H. A. Caldonazzi
Foto Einband: © Cody Black on Unsplash

www.petrahedwigamalia.com

Aufbruch	9
Aufwind	11
Bilder sein	12
Bis jetzt.	13
Choral	15
Die Farben dieses	16
Lebens	16
dritter Brief an dich	18
ein alter Leute	20
Kindertraum	20
ein Lichtlein durch die Nacht	21
Elefanten	22
Es fliegt Es fliegt	23
Es sei, wie's sei, es sein mein Leben	25
erster Brief an dich	26
Fluges erste	28
Fluges zweite	29
Frei	30
Friede	31
frühlingssehnen	33
Für Atlanten	35
Geboren werden und fliegen lernen	36
Großstadt-funke	38

Hammer	39
Hochzeit	40
Jagd	42
Kreisels Lied	43
Lächeln zählt	44
leben Lassen	45
LebensLauf	46
Liebesnovelle	47
Liebes Schachspiel	49
Lust	51
Minnesang	53
Olimar	54
Polka	55
Phönix	57
rebellieren	59
Ruhiger Tag	60
rückwärts Leben	61
samtetraum	62
Schilder!	64
schreiben lernen	66
sprachentleert	67
Sternchen	69
Summend ragt ein Berg	70
tief vergangne Wurzel	72

Trübe	73
Und ich frage bloß zurück	75
um nur zu träumen	77
Urzweifel	79
Versuch der Wortloserei	81
vierter Brief an dich	82
Vom Erwachen neuer Morgen	83
Wasserfarbenleid	85
Weil ich lebe	87
Weil im Regen	88
Weiterziehen	89
Wogen	90
Wiegensang	91
Zugfahrt	93
zweiter Brief an dich	94

Aufbruch

Unter Flügelschlagens zarter Einsamkeit
schweigt bitter-süß mein tolles Herz,
dreht sich in des Meeres Takte
nach nordwärts hin
zu sehnsuchtsvoller Mär.

Und draußen schlägt der Frost ganz leise zu.
Und als ob in kleinen Kinderschuhen
noch eine Seele möchte ruh'n,
friert er langsam sich die Wege frei
und findet ganz in Schwelg gesunken
sich in des Meeres Takte ein.

Und ein in diesem Takte tanzend,
sich aus dieser Welt entfliehend Herz

wart' ganz ohne Tränen und nur mit wenig Sehnen

auf eines Tages schönes Pochen,

das ganz Lieb' verheißend

es mit diesem Froste

möcht aus allen Wolken reißen.

Aufwind

Des Atmens tiefstes Liebeslied
kennt nur in einer Sprache sich
und findet alle Worte nur im Kreise sonnig Schwur,
weil dort der Nächte Anfang sich zu Tageslicht,
sich zu unersehntem Schweigen bricht.
Und all die vielen Tränen,
die in ihrer Hand
zu wolkenzartem Leben werden
kennen nur den einen schönen Wunsch:
dass Liebe möge ihre Flügel streicheln
und aus tiefstem Meeresgrund
ihr Leben sich in heil'ge Höhen
möge heben.

Bilder sein

Wer gibt diesen Gefühlen einen Namen?
Wer gibt meinem Leben einen Weg?
Man sagt, ich soll's sein,
wenn nicht ich, dann kann's keiner sein.
Doch ich sitze hier und weiß nichts mehr.
Hab denn jemals ich's gewusst?
Wohl ja, manch' schöne Bilder kenn' ich wohl,
sie kleiden lächelnd meines Lebens Tage.
Als gäb's nur sie - als dürft's kein' andre geben.
Und doch, ich sitze hier
und schaue in die Nacht hinein
und wünsch' nichts sehnlicher,
als endlich ganz nur
diese Bilder z'sein.

Bis jetzt.

Fische ziehende Kreise
spiegeln sanftes Sternenlicht,
leuchten Gottes Pläne
gülden in den Himmel.

Wolken ziehen
kräftig aneinander,
legen sattes Grün
unter farbenfrohes Braun.

Blitze finden Heimat
im Grollen finstrer Züge,
lassen Leben hell entfachen,
schenken der Welt ihr mystisch' Lächeln.
Weisen 7 Schillingblümchen ihren Abend.

Den Morgen, den besorgt der Herr.

Und dankbar sitze ich
und schreibe diese Zeilen,
blicke in des Universums Liebe
und finde Gott an seinem Platz.
Von wo aus ich ihn liebe
bis aller Worte stiller Hall vergeht
und bis alle Zeit zum Sein gerinnt.

Bis jetzt.

Choral

Es taut im Maie
Sternschnuppen und Schneeglöckchen herbei.
Während die Welt im Traume liegt,
macht andernorts ein Wiesel seinen Punkt zum Komma,
macht lachend sich sein Leben zum Paradies,
findet Blumen wo einst dörres Land,
setzt Bäumchen weit in Gottes Hand.
Will fliegen lernen und ist gewiss',
wo's taut im Mai
setzt Liebe 1000 Leben frei.

Die Farben dieses Lebens

Und aller Worte Farbe ist verblichen,
denn ich stehe hier allein,
und es scheint der Nächte Klang
auch längst aus allen Ohren mir verhallt.
Und im Grunde lässt sich nichts mehr fassen,
alles bleibt nur leerevolles Beben
zwischen aller Tage Übergang.

Und Rauch steigt auf aus allen Fenstern
Und lässt mich schwerer atmen,
raubt die Freiheit mir des Schlafens.
Lange schon gibt nichts mehr Sinn.
Und lange schon führt nichts mehr fort.
Und doch es schwebt ganz lichte durch den Nebel,

dass der heut'ge Tag mit seinem kleinen Glück
möcht' mich fort durch seine Himmel tragen,
wo meine Augen nicht mehr blind
und alle Worte strahl'n in schönsten Farben.

dritter Brief an dich

Gestern war der Mond noch voll
und alle Brüder tanzten noch im Wind.
Damals, als Blitze über alle Wolken zogen
und ich blickte hoch aus weiten, blauen Wogen,
sah ein tiefes Licht ich vor dem Strand.
Es nahm mich in den Arm und wies mir neue Gründe zu.
Es hieß mich leben in der Freude schönster Stunden,
bis ein zweites Herz mich hätt' gefunden.
Dessen Seele lang schon auf mich wartet,
nie ließ ziehen mich von seiner Seit',
und jede Nacht will bei mir weilen,
alle Tränen als die seinen nimmt
und stets in süß'ten Worten mich aus jedem Alpe holt.
Dieser Seele großen Schritte
suchte ich seither in jedem Atemzug.

Suche sie in allen Erden, suche sie in allen Zeiten.
Such sie wachend, such sie träumend.
Und gestern saß ich hoffend unterm vollen Mond
und flehte,
dass sein Licht wohl endlich mög' mir zeigen
den Weg zu meines Lebens schönstem
Reigen.

ein alter Leute Kindertraum

Bunt und blühend laufen über Felder
Kornkinder aus gelbem Weich.
Laufen und lachen, spüren den Regen
und toben im Sand.
Funkelnd leuchten sie den Tagefeen Geleit,
bringen kleine Dinge in großen Wagen
und wiegen Schmetterlinges Lied im Arm.
Schützen alter Leute Kindertraum
und Verzweifelter letzten Hoffnungshauch.

ein Lichtlein durch die Nacht

So ganz ohne Worte fließen diese Wasser hin.
Kühl und blau im Mondenschein
wollen sie nichts mehr,
als endlich frei nur sein.
Denn oben wo ihr Lauf beginnt
Und dort unten wo sie sollen hin,
da glänzt wie von güldner Gotteshand
ein Lichtlein durch die Nacht,
an dem sie alle sind erwacht.

Elefanten

Elefantenschritte tragen Eimer
süß und gülden über 17 Welten.
Wo kleine Fräuleins schon
seit Morgengrauen wachen
und in Spitze Samt gekleidet,
unter Tannen auf ein Licht aus fernen Lieben warten,
als hingen Leben 1000 davon ab.

Es fliegt Es fliegt

Es fliegt die Welt in bunten Kreisen,
ganz leisen,
ganz leisen.
Und des Dichters Wasserlauf
enthüllt ein Herze voll von Schweigen.
In Angst gesunken und in Leiden.
Dieses Dichters Quellenbach
wagt noch unter diesen sanften Sternen
kein Reden,
kein Kräuseln.

Denn die Welt da draußen,
die in ihren bunten Kreisen,
- den ganz leisen - ganz leisen -
nur ihre eignen Lieder kennt,

scheint dieses Dichters kleines Herz
und sein schweigend Weinen
schon seit ewig lang nicht mehr zu seh'n.

Und sich nach Berührung sehnend,
sich nach Tänzen mal zu Zweien sehnend,
es sich keck in weiche Träume flieht.
Und nur dort mehr Lächeln findend
sitzt dies leere Herz vor dieser Wasser Spiegel
und schaut die Welt sich weiter kreisen
immer schneller,
immer schneller
sich von ihm entfernen.

Und sehnsuchtsvoll flüstert's dem Universum zag ins Ohr,
aus Angst es könnt erfahr'n
was längst es schon erahnt.

Es sei, wie's sei, es sein mein Leben

Aber noch führt kein Weg in dieses Tal.
Aber noch sind Kranichs Flügel weit im Wind.
Was kommen mag es sei im Brief,
in des Lebens tiefster Rosengartenzweige,
es sei des Universums Märchenstunde,
es sei mein einzig tiefer Wunsch,
den mir jüngst ins Herz gelegt,
der Kranichs Flügel in die Lüfte hob,
der weiten Blick mir gab für fruchtbar buntes Tal.
Es sei mein Heute mir mein Morgen.
Es sei der Liebe Spiel, dess' Tanz mich führt,
es sei der Sonne Strahlen tief im Herz.
Es sei, wie's sei,
es sei mein Leben.

erster Brief an dich

Droben tun sich Tore auf
und ich hier unten wart' auf dich.
Hoffe still so vor mich hin,
dass endlich auch das deine öffnen will.
Dass endlich du magst kreuzen
meines Weges Sinn,
denn ohne dich zu wandern, da will ich gar nicht hin.

Mag sein du bist schon da,
zeigst dich mir in 'zig Gesichtern,
zeigst dich mir in 1000 Gesten,
doch nichts davon kann jemals lesen,
was einst du schriebest in mein Herz.

Und heute ist's, als ob noch ewig ich müsst warten.

Als ob,
vergebens ich müsst warten.

Fluges erste

Aus Adlers Schwingen große Lichter sich entzünden
und überall strahlt's hell von Gottes Lampen.
Und überall ist's Ruh'
von Gottes sanften Stirnenküssen.

Fluges zweite

Unter Adlers Schwingen sich tiefe Lichter hell entzünden.
In Wolken tief und Himmeln breit
ein Kind nur süße Tränen weint.
Ob Nachtes, ob des Tages,
so vermisst man sie und kommt zur Ruhe erst,
als Adlers tiefes Schnaufen
hell der Uhren Ticken führt.

Frei

Feuerballen rollen Meereswellen hinterher,
am Ufer steht ein Mädchen
und winkt ihr Herz hinaus in die See,
lässt sachte fallen güldne Blümchen.

Lässt sie fallen,
schenkt sie dem Welk,
lässt Tränen übers Meer hinblicken,
und findet ihr Herz nicht mehr.

Friede

Hallo Nacht, du große Frau,
gülden schwarz glänzt silbernblau
dein Haar im Wind des Mondes fahlen Regen.

Scheinend schweigen
tief im blauen Frieden alter Wolken
die Strahlen deiner Augen.

Sie erzählen längst vergang'ne G'schichten
von Liebe zwischen allen Welten,
wo Seele Rauch und Sein tief göttlich Schein.

Wo des Kindes zarte Hände
Fräulein Roses Töchter
zu bunten Blumenmeeren sähen.

Dort wohnt ganz still und leise heimlich
der Sinn all Lebens und der Weg all Leidens.
Vereint auf ewig
im ruhigen Plätschern wilder Nächte Frieden.

frühlingssehnen

Lose hängt mein Kopf
aus Gedankenschaukeln allen Erden hinterher.
Tage sind wie Königreiche voller roter Blüten.
Atmend liege ich am Wegesrand,
grüße lächelnd all das fahrend Volk,
lausche selig ihrer Mär
von Betriebsamkeit und wahrem Leben.
Unter mir liegt weit der Sonne weiches Bett,
ich teile es mit Lilien und mit Rosen,
und mit Gräsern grün wie nirgendwo.
Über mir schweben Wölkchen zart wie süßer Honig
den Himmel zu blauem Glück.
Das fahrend Volk, das lass ich ziehen,
es hält mich nichts darin.
Meine Flügel hab' ich selber, ich tanze meinen Frieden.

Ach, soll das Leben leben!

Ich

bleibe hier zurück.

Für Atlanten

Schwere Türen fallen tief ins Schloss.
Wer draußen bleibt, den holt die Nacht,
den holt der Tag.
Für ihn sind sie gemacht.

Wer drinnen ward, dem gilt Geleit,
dem gilt die Ewigkeit.
Doch draußen ist's wie drinnen hier:
Gott trägt deine Füße dir.
Mal hoch, mal tief, dass du nicht fällst.

Ob draußen oder drinnen hier,
das Paradies,
das malt Gott ins Herze dir.

Geboren werden und fliegen lernen

Veilchenblau läuft über 7 Wiesen,
läuft über steinern Tal,
hüpft über Karpfenteich und bunte Hügel,
findet kleine Waldesränder,
findet tiefe Schluchten.

Sucht 1000 Silbertaler,
sucht die große Liebe.
Sucht Blümchen und auch Sternenbrüder,
sucht Schokoladenhäuser,
kleine Bären.

Will fliegen, will sich lieben,
will steigen, will sinken,

taumeln und atmen,

will tanzen,

will lachen und der Erde Glück erfahren.

Will gebären und will frieren,

will gewärmt sein und getragen.

Und selber tragen.

Läuft dahin und immer weiter,

hebt die Arme, lacht zum Wind,

hebt die Augen, hebt das Herz

Hebt ab

und jubiliert.

Großstadt-funke

Lass die Stadt dein Meer sein.
Finde deine Träume neu verfasst.
Flieg hinweg über diese Welt.

Finde deine Träume neu verfasst.
Geschrieben auf ewig Liebes Blättern,
versandt von Wolkes glitzernd Tröpfchen.

Fliege über diese Welt hinweg,
vergiss all Fragen.
Fliege über diese Welt hinweg,
und lass die Stadt dein Meere sein.

Hammer

Wie Eis liegt diese Gesellschaft
vor Spiegeln aus Himmel und Hölle.
Aus Leben und Trieb.
Inmitten roten Sattes
schläft brav das Kind der Einsamkeit
und zieht müde seine Kreise.

Wahrhaft, welch' Leben!
Atmen im Stummen,
Laufen im Gehen
zieht es uns dahin, das Leben des Tristen
und fragt sich
wann die Morgenröte schläft.

Hochzeit

Das blaue Meer bricht tiefe Wellen,
ihnen leise folgt die Braut in tiefem Kummer.
Hat weder Geld noch Leid, hat Trost und tiefes Herz,
kennt Wege, kennt das Geleit.
Kennt weit und breit all tiefes Leben,
weiß um Jedermannes Brust,
weiß wo und welch und wie,
doch sucht und sucht
und leise folgt den Wellen sie.

An ihrer Seite
still ein Schatten weint
aus Liebe, tiefer Innigkeit.
Sucht sie, ja sie;
und kann nichts finden,

denn im Herzen

beide sind vereint.

Jagd

Noch klingen keine Worte aus dem Hall des Universums
um diese Bilder voller Leben
mit Atem reich zu füllen.
Und am Himmel kreisen schon die Geier.
Woll'n sich freu'n, wenn einer fällt.
Und ich werde still.
Und ich werde leise.
Doch fallen werd' ich nicht.

Und noch klingen keine Worte an
für diese Bilder voller Leben.
Und ich sehe schon die Geier kreisen
und komme niemals endlich an.

Kreisels Lied

Und vielleicht dreht sich das Leben doch um mich
und hält mir 1000 Bilder hin
und will mir 7 Namen geben
und erzählt mir alle Wege frei
und weiß um alle Ewigkeit
und schenkt mir Rosen jeden Augenblick
und will Tänze mit mir tanzen bis zum letzten Atemzug
und träufelt leise Meerestropfen in mein Herz.
Und vielleicht dreht sich das Leben doch um mich

und vielleicht sehe ich's bloß nicht.

Lächeln zählt

Vielleicht bleibt am Ende doch nur dieses Lächeln,
um die trüben Tage still zu tränken
in den Wassern alter Plagen.
Dorthin tief nur einzutauchen, wo ein kleiner Hauch
- so wie ein Luftzug zart -
sie entbindet aller Last.

Wo aus Kinderlachen süße Bäume in die Himmel wachsen
und aus schwerer Erde
kleine Welten sich wie Lichter klar entfachen.
Dort wo alles Sein den Fragen keine Antwort gibt,
weil am Ende aller Tage
doch nur dieses eine,
göttlich treu umsorgte Lächeln zählt.

leben Lassen

Schmächtig zieht die Lok
unter tosend Lärme weite Kreise,
zügig voller Leben.
Hört nichts,
fühlt nur ihr eigen Atmen,
sieht nur ihr eigen Sehnen
und lässt unter göttlich Lächeln
allen Schmerz am Wegesrande liegen.

LebensLauf

Heute bleib' ich liegen,
freu mich über jedes Wissen,
trage treu den Booten
ihre Liebesbriefe nach.

Versuche aller Angst z'entschwinden,
laufe lange aber leise,
vielleicht schreit das Tal statt meiner.

Oder hör' ich doch des Pförtners zaghaft Schellen?
Kann es kaum erfassen,
bleibe stumm und muss wohl doch
bis an alle Enden weiterlaufen.

Liebesnovelle

Wenn Röschen zart wie früher Wein
im Sonnenuntergang gen alter Tage Zauber
ihre Liebe auf die Reise schickt,
ist des Himmelsfalter blauer Mantel
schon bereit im tiefen Dunkel
zu suchen nach der Ewigkeit.
Dann tanzen Perlen über diesen Sand
im Rhythmus tiefen Wellenbrechens.
Perlchen finden Körnchen,
Körnchen finden Tröpfchen
und aus den Wogen Wassern,
die in Freuden sich ergießen,
lugt ein Fischlein still und heimlich,
hält dem Boten hin ein Briefchen,
schickt Küsse obendrein.

Soll'n klein Röschen trösten,
sie bedecken zart zum Schlaf,
sie tragen in den Traum,
wo er auf sie will warten,
und gülden Kinder
strahlend' Sonne dieser wogend Wasser
zum Empfange steh'n bereit,
um zu kleiden all die Welt
in süßes Hochzeitskleid.

Liebes Schachspiel

Oh, du süße Liebesmüh,
oh, du greller Schmerz in mir.
Wessen Spieler bin ich wohl
in diesen Labyrinthes boshaft Zauber?
Wessen Hände schieben über
steif gekachelt Brett
meines Schicksals Flügel?
Wessen Feder schrieb
dies groteske Liebeslied?
Schleierhaft bleibt's mir - vielleicht gar einerlei
Wess' Puppen Kleider
ich in diesem Spiel mit Leben füll'.

Es bleibt allein zu flehen mir,
dass ein Herz sich mög' erbarmen,

mich ins Freie tanzen lasse,
wo kein grausam Quälen unter höhnend Lachen
mich mehr finden mag.
Wo des Spieles alles meines ist,
wo ich selber gehe,
alles sehe, alles lebe.
Ich mein eigner Puppenspieler werde.

Lust

Südwärts schlägt die Glocke schon ans Tor
und 30 Männer tanzen lichterloh
in kleinen Kreisen tiefster Liebe,
tragen Fragen mir ans Herz,
schreiben Psalme auf mein Mieder,
glauben ich verstünd' ihr Klagen,
glauben wirklich mich zu fragen,
glauben
und ich glaube mit,
denn soll's noch Schönres geben,
als auf Engelsflügeln Ritt
über Täler voller Freude
die Straße der Begierde zart zu winden,
als in 1000 Winden
7 Männer zu verführen?

Ein Spiel aus Bildern ohne Welten,
viel Leben zwar, doch weit entwurzelt,
bin ich so ganz unsanft
aus allen meinen Träumen
dumpf gepurzelt.
Grade so, als hätt' der Schelm in meiner Brust
dies Ende längst gewusst.

Minnesang

Auf zitternden Pappeln tanzen rot im Morgengrauen
tiefster Welten schönste Blumen.
Lassen wissend G'wässer wallend sich im Lichte kreisen,
geben deren Sprachen frei,
geben deren Geheimes preis.
Das Leben selbst,
es bläst der zarten Melodien kleinste Noten,
gibt den Takt aus fernen Lüften,
freut sich über diesen Reigen
und sieht die Welt erfüllt,
wenn alles Atmen sich im Lachen schließt.

Olimar

Und an meiner Seite strahlt
ganz von wärmevoller Liebe
eine starke, blaue Seele,
deren sanftes Atmen
meinem Leben seinen Sinn
haucht küssend lange ein.

Polka

Magische Berge umhüllen Züge aus Eis,
umhüllen 1000 Lichter,
geben 7 Himmel preis.

Im Traum ein Engel denkt an mich,
malt weite Karten schöner Länder mir,
malt sie steinern mir ins Herz.
Es strahlen 1000 Funken auf,
zeugen gülden blau
und ewig hell
des Universums Mächte frei,
fliegen mich zur Ewigkeit.

Im Traum ein Engel denkt an mich.
Tanzt mit mir ums Leben.

Fliegt mit mir zur Ewigkeit.

Küsst zum Ende mich der Nacht.

Und alle Tage weiter.

Phönix

Frisch weht Tauwind gen Osten,
vertreibt des Morgens Müdigkeit,
bringt zärtlich silbern-güldne Horizonte
feuerroter Liebestage.

Beschenkt schwarze Nächte mit rosa-zarten Schleifchen.

Blitze ziehen neues Leben hinterdrein,
der Winter ist ein alter Mann mit plüschig-warmer Seele
voller Weisheit und alter Mär.
Er zeigt dem Frühling wie man Wälder färbt,
den Sommer lehrt er Reigen tanzen,
den Herbst, den lässt er spielen.

Lichtern ist des Tages Lohn,

schenkt Funken, die das Herz besetzen,
die der Seele zarte Küsse keck entlocken.
Gülden ist jedes Tages Lohn,
zeigt Spiegel dir des allem was du bist.

rebellieren

Vorne döst im Mondenschein
ein Zwerg zu süßen Träumen
sein altbekanntes Leben.
Warmer Kerzenduft leuchtet zart
ihm alle Wege frei
und ein Stimmlein hell wie alter Honig
flüstert ihm ein tiefes Lächeln in den Bauch.

Streichelt ihm den Scheitel und die Brust,
singt Lieder toter Ewigkeit
zum Saume ihm ans Kleid.
‚Wohin? Wolang?'
steht's um des Zwergleins Brust.

Und leise führt der Wind es fort.

Ruhiger Tag

Samten pfotig schleicht das Meer dahin,
tänzelt geschwind zwischen Horizont und Erd'.
Wächst nachts in Weite,
öffnet sich der Tiefe,
offenbart Sternchen über Sternchen,
lockt zum Tanze auch des Mondes Schein.
Empfängt bei Tage aller Seelen Red',
weiß Rat und bietet warm' Geleit.
Singt der Vögel Zwitschern leise mit,
dröhnt der Wale Lied
und wiegt wess' Herze
trägt schwer in tiefem Leid.

rückwärts Leben

Leis' die Uhren ticken fort
auf weiten Fluren immerfort.
Suchen die Gemütlichkeit,
suchen hektikfreie Zone.
Warten bis der Tag erwacht
und verschwinden schnell im weißen Hauch.
Finden Glück
und finden Frieden,
wissen um Geborgenheit,
tun brav
und tun erfreut.
Und niemals sei's bereut!

samtetraum

Hinter seiden weichen Winden
tragen hohe Feen lila Funken,
tragen sie zum Ball,
gießen sie aus purpurn Sternenstaub,
lassen fließen alter Lieder Liebe.
Schweben über Welten,
7 Wolkentage lang.
Finden Fackeln, tief in Wachs getränkt.

7 Wolken fliegen lang.
Durch und unter,
zwischen 1000 Welten,
zieh'n entlang in purpurn Sternenstaub gewandet
Lieb tragend 19 hohe Feen.

Fliegen in das Morgengrau,

wo junger Tag errötet,

wo Fackeln alles Wachs entrinnt

und kleines Herzschlagsummen

süß auf Himmels blauen Grund

rosa lässt dess' Bäckchen zart erröten.

Schilder!

Matte Farben satt auf Schwarz
unten weiße Bögen ziehen
tiefe Kreise zu Gewölben
ziehen Nähte roter Schwalben
sich in nassen Höhen hin.
So schimmernd sich das Wasser rührt,
so samtig alles Leben schwirrt,
so dick, so zart, so lieb, so fein.
All Wissen führt mich Heim.
Führt mich über Felsenklüfte
1000 grüner Honigdüfte
schmal über Wolken und Gedonner.
1000 Sagen weisen mir den Weg.
Schweigsam und des Nächtens blass
in tiefster Freude und in schönstem Leid.

Ich Himmelskind,

ich Tochter aller Winde

finde Heim, ja Heim

und will auch stets von strahlend Wasser

tief geleitet sein.

schreiben lernen

Über mir ein Baldachin aus 1000 Großbuchstaben
mich im Sommerwinde wiegend
meines Lebens Sinn will lehren.
Doch ich liege hier und starre wie auf Sterne,
die wohl mit schön und leuchtend Bildern mich berühr'n,
doch schon zu schwammig-strahlend Himmeln sich
verglüh'n.

Und ich blicke in die Nacht.
Und ich blicke in die Ferne.

Und sehne lang herbei,
dass der Kleinbuchstaben Zauber
diesen Weg durch atem-weite Täler
endlich mich erwärmen will.

sprachentleert

Bleibt ein Brief noch ein Brief,
auch wenn ihn keine Worte schreiben?
Und wenn der Regen auf die Felder sich herniedersenkt,
im Herbstwind schwarze Dohlen auch in Nestern baden?
Wenn eine Stadt in 1000 Lichterblüten sich zermalt.
Ob dann des Lebens Heiterkeiten
draußen vor dem Tore auf mich warten?
Und plötzlich huscht ein Blau vorbei -
vielleicht ein Schatten,
vielleicht ein Duft
oder gar ein Hauch aus alten Tagen?
Wo die neuen sich wohl treiben?
Wo sie mich erwarten?
Ob sie überhaupt auf mich noch warten?
Einen Brief, den will ich schreiben,

ganz ohne Worte, sprachentleert,

doch vom schönen Leben frech beschwert.

Um zu wissen:

Was sind diese Tage wert?

Sternchen

Der letzten Nächte Träume blühen morgens sanft im Tau.
Schicken Gräber auf die Reise,
malen Himmel himmelblau.
In tiefster Innigkeit küsst Mond der Sonne Sterne,
trägt leise alles Gute
auf, dass das Schwere sich entferne.
Die Sonne freut's, sie küsst all Nacht zum Tage,
will Lächeln zaubern, Liebe geben, Herzen wärmen,
dich zur Freude wach erküssen.
Küssen bis du weißt,
was Liebe ist,
bis du lernst ihre Küsse weitergeben.
Bis auch du ihr Sternchen wirst
auf Gottes weiter Erden.

Summend ragt ein Berg

Über allen Tälern ragt ein Berg entzückt hervor.
Blickt in diese Welt hinein,
fragt sich, wie an einem solchen Abend
ein Herze mag nur einsam sein.
Sieht die Blätter mit dem leuchtend roten Winde gehen,
langsam mit den Sternen wehen.
Um die Brust da rührt ihn sanft das güldne Blau
vom niedergehend Tage.
In seine Hände legt sich hoffnungsvoll
der Traum von kommend' Sonnenstrahle.
Bis hierhin bleibt's der Abend wie so jeder andre,
doch so unscheinbar es leuchten mag,
in dieser Abend Luft
liegt der Hauch von Ewigkeit.
Von wahrer Liebe und gelebtem Leben

so wie's seit Jahr'n kein Berg mehr hat gesehen.
Und leise fängt er an zu Summen.
Summt ganz heimlich vor sich hin.
Und drunt im Tal verstummt all Herzen Sehnen,
denn des Berges kleine Nachtmusik
bringt Stern um Stern
jeden auf den Weg
des Glücks zurück.

tief vergangne Wurzel

Ruhig liegen gelbe Lichter in der Luft,
perlen Würmchen durch die Nacht.
Es sind des Mondenscheines Lieder,
die Farben längst vergangner Zeit.

Sogar der Wind bleibt ruhig,
lauscht andächtig dieser Ruh!
Ob morgen Früh noch Lichter brenn'?

Lasst Wölckchen ihre Spiegel sein,
dass wenn dieses Heute
längst vergangne Zeit sich nennt,
ein jeder fragend sich im Kreise dreht
und tief vergangne Wurzel seines Herzens
sich vor seine Augen sehnt.

Trübe

Fließen Wasser mir im Herzen,
tragen Tages Blumentanze Sonnenlicht.
Diese Wasser doch führen fragend mich an Licht.
Als ob die Sehnsucht mich nach vorne trübe,
mich zum Wissen trübe
und nicht eher ruhen will
bis auf, dass das Klare
ihre Antwort mir in Seel' und Herzen schrübe.
Obgleich von diesem Sehnsuchtsdrängen tief beschwert,
haben diese blauen Wasser,
wenn auch fragend,
meinen Frieden nicht getrübt.
Wie dies wohl sein mag, bleibt ein offen Wort,
dessen Tore ich nicht finde.
Wie wenn Greifen vom Nichts ganz voll,

sich Glück wie Unglück nennend

rasch nach Hause zieht.

Mag sein, mag sein.

Mag sein.

Doch auch in fließend fragend blauem Wasser

kann ein Lächeln glücklich sein.

Und ich frage bloß zurück

Nebelnd liegt die Welt in Brocken,
schwimmt in fahrig' Wasser
bächeweise über Träume glänzend Leben,
spült über Felsen und um Meere
und fragt mich immerzu.
Und ich frage bloß zurück.

Wie Perlen
kett' ich Erleben um mein Kleid,
doch was darunter liegen mag,
entzieht sich wie ein Boden aus Granit.
Ihn umspielt kein Wasser,
er bleibt allem stumm.
Aber hält doch alles Beben.
Und sollte einst die Zeit erreifen,

steht er lächelnd, Arme breit,

und stickt des Meeres alter Worte Sinn

ganz zart mir auf mein Kleid.

um nur zu träumen

Innehalten, die Luft anhalten,
der Welt zeigen, dass man lebt,
nicht fragen, wie es weitergeht
oder was als nächstes kommt,
die Augen schließen,
die Flügel spannen,
auf der Erde tanzen,
sagen, was man sagen will
und niemals bereuen das was war.

Sich zum Schlafe betten
und doch nur träumen,
eine ganze Nacht hindurch
und Tags darauf
mit leuchtend wachem Augenblick

strahlend alle Welten wecken,
den Morgen grüßen
und die Menschen küssen.

Lieben, einen ganzen Tage lang,
hoffen lassen,
Lächeln schenken,
bis keine Zeit mehr bleibt,
die ohne Träume lebt.

Urzweifel

Um allen zu zeigen, wer ich bin
trag ich diese Krüge vor mich her.
Gefüllt mit weißen Rosen,
getränkt in des Himmels Blut.
Trag sie vor mich hin,
wie Schutz – wie, wenn sie nährten all die bösen Blicke.
Damit keiner mag meiner Augen Leuchten sehen.
Es würd' sie schrecken, es würd' sie wirren.
Und doch, am Ende jeden Tages
sind die Rosen allesamt verzehrt,
und jener, der durch leere Krüge meine Augen traf,
konnt' satt sich nimmer sehen.
Die Wirre tat ihm wohl,
zwang nieder all das böse Sehnen.
Und wie er weiter seiner Wege zieht,

sind meine Krüge prall gefüllt
mit lächelnd Dank und fremdem Glück.

Versuch der Wortloserei

Gleitend sanft im Morgengrauen
bin ich
aus allen Welten abgehauen.
Hab' alle Worte in güldne Köfferchen gepackt
und bin ausgezogen,
um draußen vor der Welt
ein wortlos Sein zu leben.
Denn so viel Freiheit
bringt ganz alleine nur
ein Leben
in der Wortloserei.

vierter Brief an dich

Da unten schwimmt ein Boot ganz leise vor sich hin.
Schaukelt alter Melodien Bilder
als Kreise in den Wind.
Auf, dass sie dich erreichen mögen,
auf, dass sie streicheln mögen dir dein Herz
und eines Lächelns schönstes Strahlen
als Bote meines Sehnens
sanft in lieblich kleines Licht
tauchen möge dich.
Als Gruß von mir soll dir die Sonne scheinen
und soll der liebe Gott
unsre Wege
endlich
einen.

Vom Erwachen neuer Morgen

Staunend blickt eine Seele in diese Nacht,
sucht höher'n Sinn.
Blickt über Welten hin.
Ein Hauch von Weite küsst sie wach,
bringt der Heimat zarten Duft.
Die Lichter spiegeln früh'res Leben.
Und tränend fängt diese Seele an zu beben
- nicht von Kummer, nicht von Einsamkeit -
wohl allein des Fühlens schönste Klänge
rühren an ihr Herz.
Und schon füllen Tränen voller alten Lächelns
dieser Nächte warmes Rauschen,
setzen allem Sehnen selig End.
Und aus des Lebens Puls

erhebt aus zart'ster Liebe

schützend, küssend

eines freudig Regenbogens Schein

eine Seele in die Nacht hinein.

Wasserfarbenleid

Und unter diesen Tränen
trägt mein Herz ein weißes Kleid
und verschwimmen Lichter
zu Meeren aus Gelb.
Und Blau mischt sich ganz zaghaft in ihre Mitte.
Ein Damm scheint einzubrechen.
Freiheit strömt in meinen Himmel.

Und unter diesen Tränen
trägt mein Herz ein weißes Kleid.
Langsam tropft ein Seufzer durch die Nacht,
zieht ein Lächeln hinterdrein.
Und das Gelb verschwomm'ner Lichter
wird zum Strahlen aus ganz tief.

Und nun scheint's
als trüg mein Herze unter all den kleinen Tränen
statt des weißen Kleides
endlich mehr der Freiheit strahlend Flügel.

Weil ich lebe

Weil ich lebe fließen diese Zeilen vor mich hin.
Weil ich lebe trägt ein kleiner Mann so viele schwere
Dinge hinterdrein.
Trägt sie, weil er bangt, ich könnt' die Last nicht tragen,
könnte meine Schritte nicht mehr finden.
Bleibt ganz stumm und magisch.
Wie von Liebe schwirrt dies Licht um ihn herum.
Es lässt mich lächeln, ich hol's zu mir.
Und mit jedem zarten Augenblick
Gibt der Mann
mir
Last
um
Last
zurück.

Weil im Regen

Weil im Regen nichts mehr von Bedeutung ist,
knie ich im tiefen Morast
schlafender Seelen
und sehe nur - höre nur - wie nichts mehr mich ruft,
obgleich schon jede Blüte nach mir schaut;
obgleich schon alles Tal sich nach mir kehrt
und jeder Atem meiner Erinnerung sich sehnt.

Weiterziehen

Nein, diesen Bildern gehört kein Leben mehr.
Soll'n sie schreien,
soll'n sie toben,
sie sind aller Rechte längst enthoben.
Gehör'n zu andren Welten,
die einst mir alle Wege stellten.
Doch diesen Wegen bin ich nun entglitten,
atme Lieder unter andren Schritten.
Möget ihr behalten diese gellend Bilder,
ich will sie nicht mehr wieder.
Mein Lächeln soll sie sanft bedecken
und als Lichte göttlich Liebe soll'n sie Ewigkeite strahlen.
Ihnen schenk ich meine Liebe,
doch ich bleibe hier in meiner Welt,
weil mich nichts mehr in der deinen hält.

Wogen

Von Engeln und Liebe und schönen Bildern
erzählt ein Buch, gefallen vom Himmel
direkt ins Meer.

Umspielt von 1000 bunten Tröpfchen,
getragen dort von 7 Wellen
bis zum Tor der Ewigkeit,
wo freche Tänze feurig seidenweiß
es empfingen und es küssten.
Es besangen und umarmten.

Wiegensang

Sahnefarben-blau getupft
hüpft Häschens bunter Reigen
durch der Sonne Mittagsschein
und ziert mit bunten Wölckchen
Kindleins weites Schürtzelein.

Es hopst dies zärtlich hinterdrein,
beschwingt von Blümleins Sonntagsduft,
pflückt hier und da es, das es liebt.

Tänzelt lächelnd ohne Worte
an 7 Ländern längst vorbei.
Schwenkt zum Gruße engelsgleich
des Fliegens weißes Kleid.
Bringt viel und nimmt alles wieder mit.

Fällt plumpsend auf die Erd'

und winkt allen Bäumen zu:

‚Es lebe leichter jede Seel'!'

Zugfahrt

So schweigend rauschen diese Blätter im Meer aus Diamanten,
geboren aus Licht, getragen im Dunkeln des Fernab.
Perlgrün schimmert mich der Weg in fruchtig-satte Weiten,
dort der Morgenstern schon wartet.
Dort die Reis' nimmt ihren ersten Schritt.
Sachte wispert mir das Säuseln aller Blätter.
Der Bäume Stimme trägt Glück auf meine Zunge,
doch schweigen soll ich,
Worte sind zu schwer.
Fänden keinen Raum, würden nicht getragen,
blieben panisch stumm und
versänken im moorenen Smaragd.
Doch der Bäume Lieder summ' ich mit.
Bis ihr Takte mir zum Herzensklopfen wird.
Und alle Tage weiter.

zweiter Brief an dich

Und gestern hieß's noch ‚Auf, auf mit euch zum Tore!'
Doch heute steht ein jeder hier und schweigt,
schweigt zärtlich in die Nacht hinein.

Und wenn am Horizont die Lichter uns erwecken,
geht ein jeder Schritt mehr flügelwärts,
steigt empor die göttlich' Stufen
und sucht Zuhaus' im Himmelreich.

Hier auf Erden woll'n wir wohnen,
woll'n auf ewig eng umschlungen,
alle Wege dieser Erde
mit Lichterglanz aus unsrer Mitte füllen.
Denn alleine gehet niemand durch die Zeiten.
Bloß in zweien lebt das Glück

und möchst' auch Körper du nicht sein
so bleibt doch hier an meiner Seite,
deiner Seele hellster Schein.

Über die Autorin

Petra H. A. Caldonazzi ist Autorin, Philosophin, spirituelle Lehrerin, Life Purpose Coach und Künstlerin.

In Bozen geboren, studierte sie Kommunikationswissenschaft in Salzburg und Schanghai und Philosophie in Brixen. Sie spricht vier Sprachen und seit ihrer ersten Begegnung mit Buchstaben hat sie die Faszination des Schreibens als existenzielles und künstlerisches Ausdrucksmittel nicht mehr losgelassen. Ihr lyrischer Stil ist geprägt von der Leidenschaft für das Surreale, für die Geschichten zwischen den Zeilen und die innersten Gefühlswelten des Menschen.

Neben ihrer vielseitigen Beratungstätigkeit schreibt sie Bücher in deutscher und englischer Sprache und schafft kleine gezeichnete Kunstwerke.

Folgende Bücher sind bereits von ihr erschienen: *Die Wahrheit über dein Leben. Wer du bist, warum du in diesem Leben bist und wie du die Welt veränderst.* und *Mein Platz in dieser Welt. Von einem Erdenengel, der in der Welt der Menschen ein Zuhause findet.*

Mehr zu Petra H. A. Caldonazzi erfährst du unter: www.petrahedwigamalia.com

Die Wahrheit über dein Leben.
Wer du bist, warum du in diesem Leben bist und wie du die Welt veränderst.

Dein Leben ist kein Zufall. Es gibt einen Grund dafür, dass du hier bist.

Stell dir vor, du wachst jeden Morgen mit einem Lächeln auf und mit dem guten Gefühl, dass du gebraucht wirst und einen Platz in dieser Welt hast. Stell dir vor, du lebst jeden Tag voller Freude und Dankbarkeit, weil du all deine Zeit, Liebe und Energie den Menschen und Dingen widmest, die dir wirklich wichtig sind. Stell dir vor, du trägst dazu bei, diese Welt zu verändern und zu einem besseren Ort zu machen, indem du einfach nur du selbst bist und tust, was du liebst.

Klingt wie ein romantischer Tagtraum?

Es ist viel mehr als das. Es ist die Wahrheit über dein Leben.

Dieses Buch ist ein liebevoller Kompass, der dir hilft, das Leben zu erschaffen, von dem du träumst, indem es dir zeigt, wie du deine Lebensaufgabe findest und versteckte Ängste und Zweifel überwindest, die dich dabei sabotieren können, sie auch zu leben. Es erwarten dich eindrucksvolle Weisheit und spannende Übung, die dir den Mut schenken, deinem allerschönsten Traum zu folgen. Worauf wartest du also noch?

Mein Platz in dieser Welt.
Von einem Erdenengel, der in der Welt der Menschen ein Zuhause findet.

„Ich hatte immer gedacht, dass man seine Lebensaufgabe mit beiden Händen festhalten muss, um sie zu verwirklichen, bis man eines Tages von dieser einen gigantischen und magischen Veränderung geweckt wird.

Erst jetzt begreife ich, was es wirklich heißt, seine Lebensaufgabe zu verwirklichen: Du wirst jeden Tag von vielen kleinen, aber dennoch magischen Veränderungen geweckt und darfst jede Einzelne von ihnen aus tiefstem Herzen genießen."

Dieses Tagebuch erzählt von einer Reise durch große Erwartungen, tiefe Enttäuschungen und unerschütterliche Hoffnungen, an deren Ende das Wunder einer allumfassenden Selbsterkenntnis wartet.